por Michael Rivera
ilustrado por Michele Noiset

Scott Foresman

Editorial Offices: Glenview, Illinois • New York, New York
Sales Offices: Reading, Massachusetts • Duluth, Georgia
Glenview, Illinois • Carrollton, Texas • Menlo Park, California

Éste es Sami.

Sami es un perro.

El rancho es del perro.

Éste es Nono.

Nono es un zorro.

Nono es un zorro del bosque.

Nono va en su carro azul.

Nono va al rancho de Sami.

Nono va a ver a Sami.
Ellos son buenos amigos.

Son amigos desde chiquitos.

Nono llega al rancho.

Sami saluda a Nono.
Nono saluda a Sami.

Nono vino a visitar a Sami.

Nono vino a hacer algo aquí.

Nono tiene una bolsa.

La bolsa está llena.

Nono vino a jugar.
Nono vino a jugar con Sami.